DE

L'ENTRETIEN

DES

ROUTES D'EMPIERREMENT

A L'ÉTAT NORMAL,

OU

DU SYSTÈME DU BALAYAGE.

LE MANS, IMPRIMERIE DE MONNOYER.

DE

L'ENTRETIEN

DES

ROUTES D'EMPIERREMENT

A L'ÉTAT NORMAL,

OU

DU SYSTÈME DU BALAYAGE,

Par L. Dumas,

INGÉNIEUR EN CHEF DES PONTS ET CHAUSSÉES.

Maximum de beauté.

A PARIS,

CHEZ CARILLAN-GOEURY, QUAI DES AUGUSTINS, 41.

1842.

I.

Toutes les Routes * neuves doivent être parfaitement belles, au moment où elles sont livreés au public, ou bien il faudrait admettre que l'Administration ne sait pas les construire. D'un autre côté, toutes les anciennes Routes dégradées peu-

* *Route* est employé ici comme synonime de *Chaussée*, la Chaussée étant la partie qui constitue essentiellement une Route, et la seule qu'on ait en vue quand on discute les divers systèmes d'entretien.

vent être ramenées aisément à l'état normal, au moyen d'un travail de réparation, pour lequel l'Administration ne recule aujourd'hui devant aucun sacrifice. Il suit de là que les mauvaises Routes tendent à devenir de moins en moins nombreuses, et que leur entretien ne doit plus être considéré que comme une opération exceptionnelle et transitoire. Maintenir en parfait état des Routes parfaitement belles, tel est donc le problème le plus général et le plus important de l'entretien. C'est aussi celui dont nous allons nous occuper.

Etant donnée une Route à l'état normal, c'est-à-dire construite dans des conditions rationnelles, parfaitement liée, offrant une surface unie et dure et un profil régulier, on peut lui appliquer divers systèmes d'entretien ayant pour résultat de la maintenir plus ou moins belle. Or, nous posons en principe que la dépense de ces divers systèmes est en raison inverse du degré de beauté qu'ils procurent, de telle sorte que celui qui donne la plus belle Route est en même temps le plus économique, et que celui qui donne la plus mauvaise Route est nécessairement le plus dispendieux. Il va sans dire que l'épaisseur est supposée rester la même dans tous les cas.

En effet, plus une Route est belle, moins elle offre de prise soit aux roues des voitures, soit aux pieds des chevaux, moins elle est exposée aux dégradations provenant des forces vives. Les roues exercent une action d'écrasement et une action de frottement. Sur des Routes en très-mauvais état, dont les inégalités donnent lieu à des chocs, l'écrasement constitue la presque totalité de l'usure; sur des Routes médiocres, il en forme encore la partie la plus considérable; sur de très-belles Routes, au contraire, il est à peu près nul, et l'usure n'étant alors que le résultat du simple frottement, se trouve réduite à ses termes les plus minimes. Les pieds des chevaux causent également d'autant plus de dégâts, que la surface de la chaussée est moins saine et plus irrégulière, et lorsqu'elle est unie et dure, ils ne font guère que poser sur elle, sans pouvoir l'entamer sensiblement. En outre, l'effort de traction qu'ils exercent se trouve considérablement diminué.

On voit donc que les dégradations et l'usure sont en raison inverse du degré de beauté des Routes, et conséquemment que les réparations et la restitution de l'usure, c'est-à-dire les travaux de l'entretien, sont d'autant moins considérables que les Routes sont plus belles, d'où il suit que le système d'entretien qui donnera les plus belles Routes doit être en même temps le plus économique, ainsi que nous l'avons avancé.

Ce principe, quoique fort contraire à la plupart des idées reçues, n'a rien au fond que de très-rationnel. Les Routes sont faites pour le roulage; elles sont destinées à lui procurer le parcours le plus prompt et le plus facile. Mais on sait très-bien que tout être, tout objet ne fait que la plus petite dépense possible de force lorsqu'il marche dans la voie de sa destinée; c'est le principe éternel de la moindre action. Or, les Routes remplissant d'autant mieux leur destinée qu'elles sont plus belles, doivent dès lors fonctionner avec une économie en proportion directe de leur beauté, comme toute machine qui, pour produire son effet utile, donne lieu à d'autant moins de frottement et d'usure, qu'elle est d'une construction plus parfaite. Penser qu'il en puisse être autrement, ce serait méconnaître l'harmonie des lois naturelles et supposer dans ces lois une contradiction évidemment impossible.

D'un autre côté, qu'est-ce qu'une mauvaise Route? C'est une Route qui occasionne une grande fatigue au roulage; mais la réaction étant égale à l'action, le roulage lui cause nécessairement une fatigue proportionnelle, qui est la mesure exacte de la dépense d'entretien. Par la même raison, une belle Route n'imposant aucune gène au roulage, n'en reçoit aucune atteinte, et doit se maintenir pour ainsi dire d'elle-même et presque sans dépense. Ainsi sous ce point de vue encore, l'économie se présente comme une conséquence rigoureuse de la beauté.

La beauté, telle est donc la boussole qui doit nous servir de guide dans la recherche du meilleur système d'entretien.

II.

Deux opérations principales constituent le travail de l'entretien des Routes : 1° l'enlèvement des détritus produits par l'usure ou par toute autre cause ; 2° l'emploi des matériaux destinés à remplacer l'usure. D'après ce que nous venons de dire, l'une et l'autre de ces opérations doivent être faites en vue du maximum de beauté. Parlons d'abord de la première.

Lorsqu'une chaussée est parfaitement liée et bien unie, les voitures qui la parcourent n'affectent aucune direction de préférence, surtout si le bombement est faible, et se portent à peu près également sur tous les points de la surface. Dès-lors l'usure a lieu lentement et d'une manière uniforme. Mais la chaussée n'est unie et ferme que parce que les matériaux et les détritus qui la composent s'y trouvent réunis dans la proportion la plus convenable. Or, l'effet de l'usure et d'une foule de matières étrangères amenées sur la Route par diverses causes, est de changer bien vîte cette proportion en augmentant journellement la masse des détritus. Si donc on veut que la Route, tout en s'usant, se maintienne à l'état normal, c'est-à-dire reste toujours parfaitement belle, il faut avoir soin d'enlever les détritus au fur et à mesure qu'ils se présentent à la surface. Eh! bien, c'est ce qui ne peut avoir lieu qu'au moyen du balayage. En effet, le balai est le seul instrument qui puisse, à cause de son élasticité, agir sur de très-faibles quantités de boue ou de poussière. L'emploi du racloir lui-même, comme de tout instrument rigide, suppose encore une certaine épaisseur sans laquelle son action serait nulle ou nuisible. Ainsi donc c'est dans le balayage continu que doit consister la première opération de l'entretien rationnel.

Quant à la seconde opération, c'est-à-dire l'emploi des matériaux et la restitution de l'usure, elle doit être conçue d'après les mêmes principes, et faite de manière à porter atteinte le moins possible à la beauté de la Route. De là, la nécessité de donner aux emplois peu d'étendue, de les composer de matériaux très-fins, encastrés dans la chaussée au moyen du piquage, saupoudrés de détritus, arrosés au besoin dans les temps secs, et battus avec une hye ou pilon, afin qu'ils se lient promptement et altèrent le moins possible l'uni de la surface. De là, la nécessité d'opérer dans les temps humides, qui aident à la liaison des matériaux, et non pendant la sécheresse, qui les désagrège et les expose à être écrasés en pure perte. De là, la nécessité de soins minutieux et continus, et par conséquent, d'un nombreux personnel et d'une surveillance fortement organisée.*

Tel est, en peu de mots, le système rationnel de l'entretien des Routes, ayant pour principe régulateur le *maximum de beauté*, et pour moyen dominant d'exécution, le balayage. Il paraît aussi simple que logique, et peut d'ailleurs être consi-

* On ne fait qu'indiquer ici les procédés pratiqués dans la Sarthe. Ils sont décrits, avec détail, dans un mémoire de M. l'ingénieur Dugué, inséré au 6e cahier des Annales des ponts et chaussées, 1840.

déré comme la suite naturelle et le complément des améliorations suscessives déjà réalisées à diverses époques.

Anciennement il n'existait pas d'entretien proprement dit. Le travail, auquel on donnerait bien à tort ce nom, consistait à étendre chaque année sur la Route, à la même époque, une couche de pierre plus ou moins épaisse qu'on abandonnait ensuite à elle-même. Tous les ans on refesait la Route, mais on ne l'entretenait pas.

Un peu plus tard, on comprit l'avantage de ne pas se borner à un seul rechargement annuel, et de fractionner cette opération en attaquant successivement les points sur lesquels le besoin s'en faisait le plus sentir. C'était là un progrès, mais ce n'était pas encore de l'entretien. On réparait la Route, mais on ne l'entretenait pas.

Dans ces derniers temps, M. Berthault-Ducreux a fait faire un pas décisif à l'art de l'entretien. Il a établi que l'emploi des matériaux devait avoir lieu, non en rechargemens généraux répandus à des intervalles plus ou moins éloignés, mais à fur et à mesure des besoins, dans le but de faire disparaître les dégradations aussitôt qu'elles se manifestent, et d'en arrêter le développement. C'est la méthode dite du *point à temps*, qui donne de très-bonnes Routes et qui procure en même temps une notable économie.

Cette méthode est fort supérieure aux procédés anciens, mais elle laisse évidemment quelque chose à désirer. En effet, elle suppose encore des dégradations, faibles à la vérité, puisqu'on ne leur permet pas de s'accroître, mais enfin des dégradations. Or, s'il est très-bien d'arrêter les dégradations à leur origine, ce qui est encore mieux, c'est de les prévenir entièrement, de telle sorte que la Route s'use sans se dégrader, et recouvre son épaisseur sans perdre de sa beauté Tel est le but que se propose le système du balayage, but dont la poursuite ne saurait avoir rien de chimérique, car une Route s'use nécessairement, mais ne se dégrade pas nécessairement, de même que dans l'économie animale, l'affaiblissement des organes est une nécessité, mais non pas la souffrance. On voit donc que le nouveau système se trouve tout naturellement indiqué par la marche graduelle des améliorations antérieures et qu'il ne fait que continuer, mais en même temps qu'il clôt, d'une manière définitive, la série de ces améliorations.

Ce n'est pas à dire, toutefois, que nuls progrès ne puissent avoir lieu plus tard; mais ces progrès, s'ils se réalisent quelque jour, seront dus, selon nous, au simple perfectionnement des procédés que nous avons indiqués, et non à la découverte d'aucun nouveau principe. Ainsi, le balai actuel pourra être remplacé par des balais plus doux et même par une machine soufflante, qui aurait le grand avantage de n'enlever que les détritus flottans à la surface, sans pouvoir attaquer ceux qui servent à la liaison de la chaussée. Lorsque les voitures à vapeur se seront substituées aux voitures ordinaires, on verra disparaître les dégradations provenant des pieds des chevaux, dégradations bien plus importantes sur des Routes à l'état normal que celles causées par les roues des voitures, et les véhicules pourront être désormais considérés comme d'utiles rouleaux, ayant pour effet de tasser les nouveaux emplois et de lisser et polir les Routes. Le résultat de ce calandrage, de la suppression des chevaux et de l'enlèvement des détritus par une machine soufflante, sera d'ajouter encore à la beauté des Routes et de diminuer l'usure de plus en plus, de manière à la rapprocher, autant que possible, de celle qui résulte du simple frottement, et qu'on sait ne pas être le vingtième de l'usure totale. Ce serait là un très-grand progrès, mais qu'il est aisé de prévoir dès à présent, parce qu'il résulterait uniquement d'une application plus parfaite du principe du *maximum de beauté*, qui fait la base de notre système.

III.

Des considérations générales nous ont porté à penser, *à priori*, que le système d'entretien qui donne les plus belles Routes devait être en même temps le plus économique. En conséquence, nous avons dirigé nos recherches en vue du maximum de beauté, et nous sommes arrivé ainsi au système formulé plus haut. Mais comme le principe qui nous a servi de guide, loin d'être généralement admis, est regardé au contraire comme fort paradoxal, il importe maintenant de vérifier son exactitude, et d'établir d'une manière certaine qu'en effet l'économie ressort nécessairement des procédés que nous venons d'indiquer.

Et d'abord on ne saurait guère contester une diminution considérable dans le cube des matériaux à employer, c'est-à-dire des matériaux usés. Nous estimons qu'elle peut aller jusqu'aux trois-quarts de ceux employés aujourd'hui, ainsi que l'expérience l'a établi sur une de nos Routes dont nous parlerons plus bas, et tout élevée que soit cette proportion, elle ne paraîtra nullement extraordinaire, si l'on se rappèle que le nouveau système annule presque en entier l'écrasement, qui sur des Routes en mauvais état, constitue la plus grande partie de l'usure. M. Berthault-Ducreux estime que l'usure de frottement n'est pas le vingtième de celle d'écrasement ; il n'y a donc rien d'impossible à ce que l'économie atteigne un chiffre beaucoup plus élevé encore que celui indiqué ci-dessus.

Beaucoup de personnes se préoccupent de l'idée que le balayage fait user les Routes et doit nécessiter, tôt ou tard, de grandes réparations.

Mais comment leurs craintes pourraient-elles être fondées? C'est un fait incontestable que le balayage procure des Routes parfaitement belles. Dans l'hypothèse que nous combattons, il faudrait donc admettre que les belles Routes s'usent plus rapidement que les mauvaises, ce qui répugne au plus simple bon sens.

On objecte, il est vrai, l'exemple de certaines Routes, qui après s'être améliorées successivement par l'emploi de la méthode du *point à temps* et un raclage fait avec soin, n'ont pu se maintenir belles par la continuation des mêmes procédés, et ont accusé, après quelques années, une usure considérable. Mais ce fait s'explique aisément et vient à l'appui de nos principes, bien loin de leur être contraire. En effet, sur des Routes mauvaises ou médiocres, qui contiennent beaucoup de détritus et qui présentent des frayés, des ornières ou des flâches prononcées, on peut sans inconvénient se servir de matériaux un peu gros, se dispenser du piquage, enfin se borner aux opérations qui constituent la méthode du *point à temps*. A quoi bon piquer la place des emplois, puisque les matériaux ont déjà suffisamment où se loger? A quoi bon les saupoudrer de détritus, puisque les détritus y sont déjà en surabondance? Mais lorsque les Routes sont arrivées à un certain degré de beauté, ces mêmes procédés doivent se trouver insuffisans, et peuvent même devenir nuisibles. Que l'on jette, sans aucune préparation, des matériaux d'un fort volume sur une surface bien saine et n'offrant que des dépressions insensibles, il est évident qu'ils ne pourront pas se lier, qu'ils seront éparpillés ça et là par les pieds des chevaux et écrasés par les roues des voitures, de telle sorte qu'au lieu de renfoncer la chaussée, ils ne serviront qu'à la faire dégrader et user plus vite par l'effet des contre-chocs. Pour que les matériaux profitassent réellement à la chaussée, il faudrait les employer avec tous les soins qui constituent le système dont nous avons cherché à établir la supériorité. C'est alors seulement qu'ils pourraient s'incorporer avec elle et avoir pour résultat de la consolider. Ainsi donc l'exemple que l'on cite prouve que la méthode du *point à temps* appliquée à de belles Routes peut en accélérer l'usure, mais assurément elle ne prouve rien contre notre système.

La plupart des personnes qui s'exagèrent l'usure dans le système du balayage, se reportent à la grande quantité de poussière qu'elles ont vu enlever sur des Routes en réparation. Mais il faut bien prendre garde que la poussière, dans ce cas, est le résultat, non de l'usure actuelle, mais de l'usure antérieure accumulée pendant un certain nombre d'années, alors qu'on n'enlevait que très-imparfaitement les détritus. Il n'existe donc aucun rapport entre ce qui se passe sur de semblables Routes et ce qui a lieu sur des Routes à l'état normal. Dans la Sarthe, par exemple, les cantonniers balaient aujourd'hui une longueur double de celle qu'ils balayaient il y a trois ans, ce qui prouve qu'ils ont à enlever beaucoup moins de poussière.

D'un autre côté, en voyant balayer sans interruption pendant plusieurs jours de suite, on semble croire à un balayage journalier sur chaque point de la chaussée. Or, il n'en peut être ainsi à beaucoup près. Sur les Routes d'une fréquentation moyenne, où la longueur des stations est d'environ 2500 mètres, les cantonniers peuvent balayer 250 mètres courans par jour, lorsque les Routes sont en médiocre état, et 500 mètres lorsqu'elles sont à l'état normal. Il leur faudrait donc de cinq à dix jours pour balayer tout leur canton, et dès-lors chaque point de la chaussée ne pourrait être balayé que de trois à six fois par mois, en supposant que le temps fut constamment favorable et qu'il n'y eut aucun autre travail à faire. En moyenne, on ne pense pas qu'il soit besôin de plus d'un à deux balayages complets par mois, ce qui ne présente rien d'effrayant.

Enfin, la quantité de poussière elle-même que ramasse le balai, sur des Routes très-belles, est loin d'être le seul produit de l'usure. Elle se compose en outre des détritus de toute espèce résultant de la chute des feuilles, des déjections des animaux, des matières étrangères amenées par la circulation, etc., lesquels y entrent dans une proportion beaucoup plus forte qu'on ne serait d'abord porté à le croire. Que l'on examine avec attention une Route dans les moments où elle est parfaitement unie et comme glacée, et l'on y distinguera sans peine une multitude de taches qui s'y renouvellent avec une grande rapidité, et qui, bien évidemment ne sauraient provenir de la Route elle-même. Que l'on suive une voiture de la campagne débouchant d'un mauvais chemin vicinal, et l'on sera étonné de voir son passage marqué par deux traînées de boue qui se prolongent quelquefois jusqu'à 1000 et 2000 mètres. Il est vrai que tout cela échappe à l'observation sur de mauvaises Routes. Au reste, pour acquérir une conviction entière à cet égard, il suffit de remarquer ce qui se passe sur une chaussée pavée contigue à une chaussée d'empierrement. On peut s'assurer que la poussière et la boue se renouvellent sur l'une et sur l'autre presque avec la même rapidité et la même abondance, et cependant sur la chaussée pavée l'usure est sensiblement nulle. On serait donc grandement dans l'erreur, en regardant comme produite par l'usure seule, toute la poussière balayée sur les chaussées d'empierrement; dans beaucoup de cas, elle n'en est, au contraire, que la moindre partie.

En résumé, nous croyons que la grande économie des matériaux ne saurait être sérieusement contestée. Mais il peut rester des doutes sur l'économie définitive, attendu l'augmentation de la main d'œuvre, qui, dans l'opinion de quelques personnes, compenserait, et au-delà, la diminution des matériaux. Nous allons faire voir que ces doutes ne sont pas fondés.

En premier lieu, il n'est pas du tout démontré que, pour le même cube, un emploi mal fait exige, en définitive, moins de main-d'œuvre qu'un emploi bien fait. Sans doute il faut moins de temps à un cantonnier pour jeter des pierres à la volée que pour les assujétir au moyen du pilonnage, dans une forme préparée avec soin. Mais aussi, après la première opération faite, son travail est loin d'être terminé. Comme les matériaux n'ont entre eux aucune liaison, les roues les écartent facilement et dessinent des frayés qu'il faut effacer à chaque instant; les pieds des chevaux font voler les pierres à droite et à gauche; le cantonnier est obligé de les ramasser une à une, et de les remettre vingt fois en place, s'il ne veut pas les voir écraser en pure perte. Un emploi bien fait, au contraire, n'offre aucune prise à la circulation. Les pieds des chevaux ne peuvent détacher des pierres bien serrées les unes contre les autres, et les roues, agissant comme ferait un rouleau, les tassent promptement, sans que le cantonnier ait, pour ainsi dire, à s'en occuper. Ainsi l'on conçoit très-bien que pour un cube donné de matériaux, notre mode d'emploi puisse, en dernière analyse, ne pas exiger beaucoup plus main-d'œuvre que le mode ordinaire. Mais il ne faut pas perdre de vue que notre système a pour résultat de réduire ce cube dans une très-forte proportion. L'augmentation de la main-d'œuvre a donc une limite très-rapprochée, pendant que la diminution des matériaux n'a pour ainsi dire pas de limite, et dès-lors il est impossible que nous ne réalisions pas une économie définitive atteignant un chiffre très-élevé.

Au reste, on voit qu'il s'agit ici, après tout, d'un travail régulier substitué à un travail fait au hazard, et l'on sait très-bien que toute organisation rationnelle du travail implique naturellement l'idée d'économie, de même que le désordre du *laïssez-faire* entraîné celle de forces perdues, et par conséquent de dépense inutile On ne jette pas pêle mêle la pierre et le mortier, lorsqu'on a à faire une maçonnerie; on place avec soin ces matériaux dans les meilleures conditions de stabilité. Il en est de même dans toute espèce de construction. Pourquoi les chaussées d'empierrement feraient-elles seules exception à la règle commune?

A un point de vue plus élevé, on peut remarquer qu'il y a deux manières d'avoir raison d'une force : 1° l'annuler dans son principe; 2° lui opposer une force supérieure; et l'on reconnaîtra que le premier parti est toujours le plus efficace et le plus économique. Or, en ce qui regarde les Routes, le fait même de leur beauté annule complètement la force destructive du roulage; et c'est ce qu'il n'est pas difficile de comprendre. Quand vous donnez une mauvaise Route au roulage, comme il est loin d'être satisfait, il se plaint et se venge à sa manière, en lui faisant d'autant plus de mal qu'elle est plus mauvaise. Mais quand vous lui donnez une bonne Route, pourquoi se plaindrait-il, puisqu'il a ce qu'il désire? N'est-il pas tout simple, au contraire, qu'il vous témoigne alors sa reconnaissance en respectant cette beauté, qui est pour lui d'un si haut prix! Enfin, la dépense d'entretien est évidemment fonction des frais de transport, et la beauté des Routes, qui diminue considérablement ces frais, doit réaliser pour l'entretien une économie proportionnelle.

A l'appui de ces considérations, nous allons présenter le résultat de notre expérience sur la Route royale n° 158, de Tours à Caen, la plus mauvaise de celles de la Sarthe, lorsque nous avons pris la direction du service de ce département, en janvier 1837.

Voici comment s'expliquait au sujet de cette Route, le conseil local, dans sa séance du 3 mai 1836:

« Sur les Routes n°....... et 158, les dégradations « ont une marche croissante qui pourrait faire « craindre que la viabilité ne finît bientôt par « être compromise, si on n'avait pas la faculté de « consacrer à leur entretien *une plus grande quan-* « *tité de matériaux.* »

« La Route royale n° 158, est dans un état tel, « que le Conseil général du département a cru « devoir adresser la demande spéciale d'un crédit « de 50,000 f. pour sa complète réparation ; le « Conseil local ne peut que réunir ses instances « à celles du Conseil général, pour qu'il soit fait « droit à cette demande. »

L'état de cette Route était encore le même à notre arrivée dans le département de la Sarthe, au milieu de l'hiver de 1837. Il n'y avait été fait aucune réparation, et la partie comprise entre Ecommoy et le Mans, sur une longueur de 20,000 mètres, était reconnue à peu près impraticable. Par suite de la nouvelle direction donnée au travail de l'entretien, dans le courant de 1837, les ornières avaient déjà disparu et la Route était très-belle l'hiver suivant. Voici comment s'exprimait, à ce sujet, le Conseil général dans sa session du mois d'août 1838 :

« Le Conseil reconnaît qu'avant l'adoption du « nouveau système, les Routes présentaient des « ornières profondes ou une surface hérissée de « pierres saillantes; que quelques-unes d'entre « elles, notamment la Route royale n° 158, de « Tours à Caen, étaient *presque impraticables* ;

« qu'aujourd'hui elles se trouvent complètement
« transformées et offrent des surfaces unies, so-
« lides, presque partout suffisamment bombées,
« sans boue l'hiver et sans poussière l'été. »

Depuis cette époque, la Route royale n° 158, est devenue de plus en plus belle et ne cesse pas de se maintenir constamment unie comme une glace en toute saison, dans les dégels aussi bien que dans les pluies les plus prolongées. Or, voici le relevé des dépenses faites pour l'entretien de cette Route à partir de l'année 1832 :

ANNÉE.	MATÉRIAUX.		MAIN-D'OEUVRE.		TOTAL.	
1832	21,812	48	4,887	45	26,699	93
1833	17,712	75	5,187	25	22,900	00
1834	18,641	47	5,926	00	24,567	47
1835	16,791	75	7,010	25	23,802	00
1836	17,160	66	7,346	79	24,507	65
1837	14,601	28	12,612	98	27,214	26
1838	11,124	18	11,418	74	22,542	92
1839	10,310	45	10,515	19	20,825	64
1840	6,781	14	9,822	86	16,604	00
1841	4,078	88	11,196	93	15,275	81

Au moment où nous avons pris le service de cette Route, en 1837, nous avons dû faire un travail considérable de réparation ; il n'est donc pas étonnant que la dépense de cette année dépasse en peu celle des années précédentes. Mais on voit que le chiffre baisse rapidement l'année suivante, et va ensuite toujours en diminuant. En 1841, il se trouve réduit à 15,273 fr. et peut-être n'est-il pas arrivé à sa dernière limite. Si, en comparant ce dernier chiffre à celui de 24,500 fr., qui est la moyenne des cinq années antérieures à 1837, l'on tient compte de l'accroissement de la circulation et de la moindre fréquentation des accotemens, on ne trouvera aucune exagération à avancer qu'il en coûte moitié moins cher pour avoir une Route magnifique, qu'il n'en coûtait précédemment pour avoir une Route à peu près impraticable.

IV.

Nous avons beaucoup insisté pour établir, d'une manière désormais inattaquable, que le système d'entretien qui donne les plus belles Routes est en même temps le plus économique. Mais si nous attachons une grande importance à ce principe, il s'en faut bien que ce soit seulement à cause de l'économie qui doit en résulter pour le Trésor, économie très minime après tout, en comparaison des avantages de toute espèce que de belles Routes procurent au public. Le principe du minimum de dépense, correspondant au maximum de beauté, nous parait surtout important : 1.° parce qu'il fournit un guide sûr à la pratique de l'entretien, 2.° parce qu'il intéresse directement l'Administration au parfait état de toutes les voies de communication, depuis les Routes royales de 1.re classe jusqu'au moindre chemin vicinal.

En premier lieu comment peut-on marcher constamment d'une manière sûre dans la pratique, lorsqu'on n'est pas guidé par un principe clair et rigoureux, comme celui du maximum de beauté? Si le travail du cantonnier exige du soin, mais peut être fait avec trop de soin, comment lui indiquera-t-on le point précis où il serait en défaut? Il a laissé de la boue et de la poussière, mais s'il est bon d'en laisser un peu, comment lui fera-t-on comprendre qu'il en a trop laissé? Il vient de faire un emploi dans lequel se trouvent des pierres roulantes; mais si l'on doit en tolérer quelques unes, quel est le nombre auquel il faut s'arrêter? Dans les systèmes qui admettent du plus ou du moins, tout mauvais travail peut se justifier et il est impossible d'en démontrer le vice d'une manière péremptoire. Que si, au contraire, on se règle sur un principe rigoureux comme le maximum de beauté, si l'on est bien convaincu que dans tous les cas il faut pousser les soins à la dernière limite et assurer par tous les moyens possibles l'état de viabilité le plus parfait, aussitôt toute incertitnde cesse, le but est toujours évident, les instructions précises et leur mauvaise exécution ne saurait jamais trouver d'excuse ni de prétexte.

En second lieu avec le principe que nous cherchons à faire prévaloir, la moindre importance relative des voies de communication et les moindres ressources dont on peut disposer ne sont plus un motif pour renoncer à la perfection de l'entretien, puisque c'est cette perfection elle-même qui offre le gage le plus sûr de l'économie qu'on a en vue. On est assez d'accord aujourd'hui qu'il ne faut négliger aucun sacrifice pour assurer le parfait état des Routes royales et jusqu'à un certain point des Routes départementales. Mais on ne croit pas à la possibilité d'obtenir des résultats analogues sur les chemins vicinaux, sans charger outre mesure et d'une manière tout à fait déraisonnable, le budget des départements et des communes. Eh! bien, si si notre principe n'est pas erronné, c'est précisément pour ménager ces ressources qu'il importe d'entretenir les chemins avec la même perfection que les Routes. Leur beauté est un devoir imposé aux communes par l'économie elle-même; l'économie exige impérieusement que les chemins des moindres hameaux soient entretenus avec le même soin que les abords des plus grandes villes. Dès lors partout le balai, partout l'absence de la boue et de la poussière, partout l'uni et le glacé de la surface. Quelle révolution sur tous les chemins! quel magnifique avenir pour notre viabilité!

Tels sont les grands avantages résultant de l'adoption de ce principe, que l'économie de l'entretien est en raison directe de la beauté des Routes. Ce sont eux qui nons ont engagé à faire tous nos efforts pour en démontrer la justesse; mais nous savons très bien qu'il faudrait encore s'attacher à obtenir par tous les moyens possibles le plus haut degré de beauté des Routes, alors même que l'économie n'en serait nullement la conséquence. Nous savons très-bien que l'économie dont il s'agit est d'une faible importance par rapport à celle que des Routes parfaitement belles assurent au public. C'est sans le moindre doute cette dernière qui doit surtout préoccuper les bons esprits, à cause de son immense portée, dont nous croyons devoir donner ici un aperçu en peu de mots.

M. Navier évalue à 450 millions par an les frais de transport qui s'exécutent sur les Routes en France, et il estime en conséquence qu'une amélioration dans l'état des Routes qui diminuerait l'effort du tirage des voitures seulement d'un cinquième, produirait sur les dépenses annuelles de la nation une économie approchant de 90 millions de francs.

M. Navier écrivait en 1835 et s'appuyait sur des documents remontant à une époque antérieure; il ne suppose qu'une réduction d'un cinquième dans l'effort du tirage; or, elle peut être bien plus considérable, puisque le tirage, qui n'atteint pas le 50.ᵉ sur nos Routes, peut aller jusqu'au 15.ᵉ sur des Routes en mauvais état, d'après M. Berthault-Ducreux et M. Navier lui-même. Nous citerons à ce sujet ce qui a eu lieu sur la Route royale n.° 158, entre Ecommoy et le Mans, restaurée dans ces dernières années. La voiture, qui fait le service de la poste, mettait habituellement de 4 à 5 chevaux avant 1837. En

1834 ce nombre avait été constamment de 5, et la Route était alors si mauvaise, que le maître de poste en perdit 11, par excès de fatigue, dans cette seule année. En 1838, le nombre des chevaux fut réduit à 3; il n'est plus aujourd'hui que de 2 de force médiocre, et cependant le maître de poste n'en perd plus. Ce n'est donc pas trop que de porter au tiers, au lieu du cinquième, l'économie qu'on peut obtenir sur le tirage.

Il faut bien remarquer encore que les calculs de M. Navier ne comprennent pas le transport des voyageurs. En évaluant la réduction du tirage au tiers de ce qu'il est maintenant, on aurait déjà une économie de 150 millions, et en tenant compte des voyageurs, de l'économie du temps, de celles des voitures et des harnais, etc. etc., on voit que le chiffre de 90 millions, indiqué par M. Navier, pourrait être porté aisément à près de 200 millions.

Ce dernier chiffre peut se vérifier par un autre calcul basé sur la connaissance du nombre de chevaux qui fréquentent les Routes et sur le prix des transports qui s'y exécutent. La fréquentation moyenne des Routes de France est d'environ 75 colliers par jour; leur longueur est de 18,000 lieues de 4,000 mètres; un cheval peut trainer moyennement un tonneau en poids utile, eu égard aux renforts qui ne figurent pas dans le chiffre de 75 colliers; le transport d'un tonneau coûte un franc par lieue.

Cela posé, 18,000 lieues de Routes parcourues chaque jour par 75 colliers, ou par 75 tonneaux, donnent 1 million 350 mille francs de frais de transports journaliers, ou 492 millions 750 mille frans par an. En prenant le tiers de cette somme et en tenant compte des voyageurs et de l'économie sur l'entretien des harnais et des voitures, on retombe encore sur le chiffre de 200 millions indiqué précédemment. Sans doute ce chiffre ne doit pas être regardé comme bien précis, mais nous avons voulu seulement donner une idée de son importance.

Voilà pour les Routes. Quant aux chemins vicinaux, si l'on parvenait à obtenir les mêmes améliorations sur les 200 mille lieues dont ils se composent, nous n'hésitons pas à le dire, l'économie qui en résulterait serait si grande, qu'elle doublerait immédiatement la valeur territoriale de la France.

On voit donc bien que dans la question du meilleur système d'entretien des Routes, nous sommes loin de placer l'économie du Trésor en première ligne; ce n'est là, sans nul doute, qu'une considération secondaire. L'économie véritablement importante, c'est celle que de belles Routes procurent au public; car, s'il s'agit pour le Trésor de quelques millions, il s'agit pour le public de plusieurs centaines de millions. Mais par une admirable harmonie des lois naturelles, les deux intérêts, aulieu de se contrarier, comme on pourrait d'abord le craindre, se confondent entièrement, et la beauté des Routes, bien loin d'être onéreuse au Trésor, réalise pour lui une économie proportionnelle à celle dont elle fait jouir le public. C'est ce qu'il nous a semblé utile d'établir dans l'intérêt de la vérité et d'une juste appréciation des principes de l'entretien.

V.

La beauté des Routes est la source féconde de laquelle découle une multitude infinie d'avantages de toute sorte. Cela doit être; car la beauté n'est pas belle pour elle-même, mais pour être utile, ou, si l'on veut, parce qu'elle est le signe extérieur de l'utilité. Ainsi que nous l'avons établi précédemment, il faut donc se proposer pour but le maximum de beauté des Routes et ne rien négliger pour l'atteindre; mais on comprend que l'expérience seule peut faire connaître d'une manière précise le degré auquel il est possible d'arriver.

Or, nous croyons que les résultats obtenus dans la Sarthe réalisent beaucoup au-delà de ce qu'on avait pu espérer jusqu'ici. Les Routes de ce département arrivées à l'état normal se maintiennent, en toutes saisons, parfaitement unies et saines, sans la moindre apparence des plus légers frayés; elles s'usent d'une manière uniforme sans se dégrader; la pluie et le dégel n'ont presqu'aucune prise sur elles; la boue y est généralement inconnue. Bien plus, ce qu'on appelle le mauvais temps ne fait assez souvent que les rendre plus belles. C'est que le mauvais temps est une force qui peut faire du bien, comme elle fait habituellement du mal; cela dépend de la manière dont elle est dirigée et du système d'entretien dans lequel elle agit.

Deux conséquences immédiates ressortent de cette beauté constante, de ce parfait uni de la surface des chaussées. En premier lieu on peut diminuer considérablement leur épaisseur lors de la construction première; en second lieu l'insuffisance accidentelle des crédits de l'entretien, ne saurait plus être un obstacle au maintien d'une bonne viabilité.

En effet, nos chaussées étant entretenues de manière à ne pouvoir jamais être attaquées que sur une épaisseur de quelques centimètres au plus, toutes les couches inférieures se trouvent dès lors comme non avenues et peuvent être supprimées sans inconvénient. Autrefois on donnait aux chaussées une épaisseur de quarante à cinquante centimètres; dans la plupart des départements on leur donne encore de vingt à trente centimètres; grâce au nouveau système d'entretien, dix à quinze centimètres sont suffisants en toute circonstance, et il nous est arrivé souvent de leur donner beaucoup moins. Avec le même cube de matériaux nous pouvons donc construire une longueur de chaussée double de celle que l'on construit généralement et quadruple de celle que l'on construisait autrefois. Quelle immense économie! Combien de départements, aujourd'hui plus ou moins endettés, pourraient présenter une brillante situation financière, si nos principes leur avaient servi de guide dans la construction de leurs Routes départementales et de leurs chemins vicinaux!

Quant à l'entretien dans l'hypothèse de crédits accidentellement insuffisants, il faut bien se rappeler que nos chaussées s'usent, mais ne se dégradent pas, et que le simple travail de la main d'œuvre suffit pour les maintenir parfaitement belles. En supposant que les fonds vinssent à manquer pendant quelque temps, on pourrait donc diminuer ou même supprimer à la rigueur les matériaux, sans qu'il en résultât autre chose, après tout, qu'une usure plus ou moins considérable que l'on rétablirait plus tard, dans de meilleures circonstances; mais en attendant, le public n'aurait pas à souffrir et la circulation ne se trouverait nullement entravée.

L'établissement des omnibus, l'application des voitures à vapeur aux Routes ordinaires et l'émancipation du roulage sont encore des conséquences du nouveau système d'entretien.

Le plus grand obstacle que les voitures à vapeur rencontrent sur les Routes ordinaires, provient des chocs et cahots occasionnés par les inégalités de la surface. Or, ces inégalités n'existent plus sur nos Routes, et les voitures n'éprouvant dès lors qu'un simple frottement, comme les locomotives sur les rails, peuvent y circuler sans obstacle. Cette application des voitures à vapeur aux Routes ordinaires doit constituer prochainement un nouveau mode de transport intermédiaire entre les diligences actuelles et les locomotives des chemins de fer, et qui pourra dispenser de la construction si coûteuse de ces dernières voies, pour les lignes d'une importance et d'une fréquentation moyennes.

Une amélioration plus prochaine et moins contestable consistera dans l'établissement des omnibus sur les Routes traitées par notre système. L'omnibus est une voiture très légère et très économique, mais par la nature de sa construction et par la manière dont les voyageurs sont placés, elle ne saurait marcher sur des Routes en mauvais état; le moindre mouvement en travers renverserait les voyageurs les uns sur les autres et rendrait ce mode de transport intolérable. Point d'omnibus avec des ornières. Mais sur des Routes parfaitement unies l'inconvénient disparait et il reste l'avantage d'une économie considérable.

Quant aux entraves imposées aujourd'hui au roulage, en ce qui regarde la réglementation des charges, elles n'ont plus aucun sens sur des chaussées comme les nôtres. En effet, le frottement sur des surfaces planes est proportionnel au poids et indépendant de la largeur des surfaces frottantes. Or, nos chaussées présentent des surfaces parfaitement unies; donc la loi scientifique du frottement leur est applicable, c'est à dire que la largeur des jantes y devient indifférente et la réglementation des charges absolument sans objet.

Nous avons vu, un peu plus haut, qu'un des résultats de la nouvelle méthode était de réduire considérablement le cube des matériaux, en augmentant beaucoup la main d'œuvre. Elle tend donc à faire prédominer l'intelligence sur la matière, ce qui ne peut manquer d'être une voie de progrès. Il ne nous sera pas difficile d'en faire comprendre ici les avantages.

En ce qui regarde les matériaux, les Routes seront moins encombrées, soit d'approvisionnemens, soit de détritus, et une partie notable de leur largeur se trouvera rendue à la circulation. Il sera désormais facile, même sur une Route soumise à une fréquentation très-grande, de placer d'un seul côté tous les tas provenant du même bail (3 années), en variant pour chaque année la forme de l'emmètrage. On pourra encore diminuer la largeur des tas et supprimer le passage des piétons entre les tas et le fossé, attendu que, sur des Routes traitées par le balayage, la chaussée est, en tous temps, beaucoup plus propre que les accotemens. Enfin on verra tomber par là les craintes trop fondées qu'inspirent aujourd'hui l'augmentation toujours croissante du prix des matériaux et l'épuisement rapide des carrières.

Quant à l'augmentation de la main-d'œuvre, elle est un véritable bienfait pour le pays. Il faut bien remarquer que le prix des matériaux se compose principalement de frais de transport, c'est-à-dire que la dépense ainsi faite est employée en très-grande partie à solder des journées de chevaux. Dans l'ancien système, on dépense donc beaucoup en journées de chevaux et très-peu en journées d'hommes. Le nouveau système change complètement cette proportion; il exige, au contraire, l'emploi de beaucoup de journées d'hommes, et de très-peu de journées de chevaux. Or, on peut régler comme on veut la production des chevaux, mais non pas celle des hommes. D'un autre côté, les chevaux manquent généralement en France, pendant que les bras inoccupés fourmillent de toutes parts. Un système qui procure du travail aux classes pauvres, tout en laissant disponibles des forces précieuses et en réalisant une économie définitive, est donc un système aussi avantageux sous le rapport moral que sous le point de vue économique.

Remarquons bien d'ailleurs que le travail qu'on offre ainsi aux bras inoccupés, n'a rien de répugnant ni de pénible. C'est un travail régulier et sain, aussi propre à affermir le corps qu'à développer l'intelligence; c'est un travail qui exige bien moins de force que de soins et d'aptitude, et qui dès-lors permet de conserver les cantonniers dans un âge avancé, et dispense de la dure nécessité de les jeter sur le pavé ou à l'hôpital, pour toute récompense de leurs vieux services. Nous avons sur nos Routes des cantonniers âgés de près de 80 ans, dont les stations sont très-bien entretenues; il a suffi d'en réduire un peu la longueur dans certains cas. Avec le système de la boue et des ornières, on eût été forcé de les renvoyer. C'est là une mesure qui peut sans doute être autorisée par les réglemens, mais dont l'humanité ne saurait être satisfaite. Ajoutons ici que l'établissement si désirable des caisses d'épargne pour assurer des secours et des retraites aux cantonniers, présentera des résultats bien plus avantageux dans notre système d'entretien que dans tout autre, puisque ce système diminue le nombre des individus à secourir, en même temps que celui des déposans se trouve presque doublé.

L'emploi d'un plus grand nombre de cantonniers est en outre une mesure très-utile sous le rapport de la police. L'Administration doit trouver un grand avantage à avoir, échelonnés sur les Routes, à de petites distances, des agens sûrs et dévoués qui puissent à chaque instant prévenir et dénoncer les délits qui se commettent, et prêter, au besoin, assistance aux voyageurs. C'est surtout à Paris et dans les environs, que cet avantage se ferait sentir. Si les boulevards extérieurs, par exemple, étaient empierrés et entretenus d'après notre système, ils exigeraient l'emploi d'une cinquantaine de cantonniers placés à moins de 500 mètres les uns des autres. Ces cantonniers devraient loger sur les boulevards mêmes, avec leur famille; ils pourraient être divisés en cantonniers de jour et en cantonniers de nuit. Il leur serait aisé de correspondre au moyen de cornets, de manière à se prêter main-forte si cela devenait nécessaire. On verrait ainsi disparaître la triste et dangereuse solitude qui fait des boulevards extérieurs un véritable coupe-gorge. Il en serait de même des Champs-Elysées, et c'est là surtout que des cantonniers de nuit seraient indispensables, non seulement pour la sécurité publique, mais encore pour ne pas gêner la circulation si active, sur cette promenade, à certaines heures de la journée.

Revenons un instant sur la grande diminution du cube des matériaux que nous avons signalée précédemment. Elle résulte, comme nous l'avons fait voir, de ce que l'usure est extrêmement faible sur des Routes parfaitement belles; les détritus y sont donc beaucoup moins abondans, l'enlèvement en devient plus facile, et l'on doit se trouver moins exposé à toutes les difficultés qui résultent habituellement de leur dépôt forcé sur les propriétés riveraines. Mais il y a plus; par l'effet du balayage, ces détritus changent de nature et peuvent devenir une source de profits au lieu de rester un objet d'embarras.

Dans notre système d'entretien, la presque totalité des détritus s'enlève sous forme de poussière, ce qui les expose aux influences favorables de l'air. De plus, l'usure étant beaucoup diminuée, ces détritus contiennent une plus grande proportion de matières végétales et animales. On conçoit donc qu'ils puissent acquérir, jusqu'à un certain point, la qualité d'engrais qui les fait rechercher avec empressement par les propriétaires, et qui porte la plupart des cantonniers à en faire un objet de commerce. Ainsi donc, l'usure elle-même de nos Routes donne naissance à une matière d'une certaine valeur, de telle sorte qu'il n'y a rien de perdu dans la force développée par les chevaux qui les fréquentent, et que cette force se trouve toute entière utilement employée.

Un autre résultat du balayage qui n'est pas à dédaigner, c'est que par le fait de la propreté constante des Routes, le crottin reste à nud et peut être ramassé sans perte et complètement utilisé. Sur une Route rouagée et sâle, il se mêle en grande partie avec la boue et la poussière, et ajoute aux autres causes de dégradation; au contraire il reste isolé sur une surface unie et dure, et peut être enlevé avec la plus grande facilité. C'est une occupation précieuse pour les pauvres vieillards infirmes des campagnes qui ne sauraient se livrer à aucune autre espèce d'industrie. Celle-là, outre qu'elle n'exige que le minimum de force, a l'avantage de se pratiquer en plein air et de procurer ainsi un exercice salutaire. Ajoutons que si elle s'exerce forcément à la main sur de mauvaises Routes, il n'en est pas de même sur de belles Routes, où l'emploi d'un instrument devient plus avantageux, ce qui tend à introduire dans les classes pauvres des habitudes si désirables de propreté.

Le produit de cette industrie n'est pas d'ailleurs sans importance. Nous avons su que sur une Route fréquentée à 100 colliers par jour, un pauvre invalide parcourant à peu près 3,000 mètres, en vendait pour 40 fr. tous les six mois. Sur d'autres Routes nous avons recueilli des renseignements analogues. A ce compte on pourrait en ramasser pour plus d'un million sur les Routes royales et presque autant sur les Routes départementales. C'est là une valeur annuelle dont plus de moitié est créée par le système du balayage. Toutefois, c'est bien moins l'élevation du chiffre qui nous préoccupe que sa répartition. Songeons bien qu'il s'agit ici de sommes de 100 fr. distribuées à 20,000 vieillards sans ressources et incapables de travailler. Il s'agit de 20,000 individus à arracher aux hôpitaux, à la charité publique ou à la mort, suite d'un dénûment absolu. Or, 100 fr. sont une fortune dans un intérieur de pauvres paysans. Avec cette faible somme un vieillard cesse d'être à charge à sa famille et peut du moins mourir en paix sans être exposé à tous les mauvais sentimens que la misère n'engendre que trop souvent autour de lui.

Enfin le nouveau système permet d'utiliser de la manière la plus simple et la plus avantageuse, sous tous les rapports, l'excédant de largeur que présentent la plupart des anciennes Routes. On a proposé de vendre ces excédans aux riverains; mais comme il ne s'agit que de lisières de quelques mètres, leur valeur couvrirait à peine la dépense d'un nouveau fossé et d'une clôture, et leur aliénation ne procurerait qu'un bien mince bénéfice. Ce qui nous semble infiniment préférable c'est d'y établir des plantations qui, tout en ajoutant à la beauté des Routes, pourraient devenir une source de richesse pour le Trésor, aussi bien que d'agrément pour le public.

Jusqu'ici on ne s'est pas arrêté à une idée aussi simple, parce qu'on a toujours regardé les plantations comme essentiellement nuisibles aux Routes. C'est ce qui peut avoir lieu, en effet, sur de mauvaises Routes sillonnées d'ornières et couvertes de détritus. On comprend très-bien que l'humidité puisse leur être alors très défavorable, et les plantations qui tendent à maintenir cette humidité doivent être, dans beaucoup de cas, une cause de dégradation pour elles. Mais les choses se passent autrement sur des Routes toujours unies et maintenues dans un état constant de propreté au moyen du balayage.

C'est la sécheresse et non l'humidité qui est à craindre pour ces dernières Routes. La sécheresse désagrège la surface, lui fait perdre de sa beauté et expose les matériaux à plus d'écrasement. L'humidité, au contraire, la lie et la rend plus compacte et plus résistante. L'excès même en a peu d'inconvénients, puisque les eaux ne sauraient séjourner sur une surface unie, ni exercer une action nuisible sur une chaussée dans laquelle les détritus sont en petite quantité et ne dépassent jamais la proportion nécessaire pour cimenter les matériaux, en remplissant les vides qu'ils laissent entre eux.

D'autre part, c'est en été, lorsque les arbres sont couverts de feuilles qu'ils maintiennent l'humidité sur les Routes, c'est-à-dire à l'époque où elle peut leur être très utile. En hiver, au contraire, à la seule époque où elle pourrait avoir quelqu'inconvénient, les arbres sont dépouillés et leur influence est à peu près nulle. Les plantations étant très utiles en été et sans inconvénient en hiver, doivent donc être considérées, en définitive , comme éminemment favorables à la conservation des Routes traitées par notre système.

Ces plantations devraient être placées sous la surveillance de l'Administration forestière, ce qui les ferait participer aux avantages d'un service régulièrement organisé, avantages fort contestés naguères, mais mieux appréciés aujourd'hui et dont le besoin se fait sentir de plus en plus pour tous les genres de produits et pour toute espèce de travail.

Il peut être planté moyennement 1,000 pieds d'arbres, au moins, par lieue de Route royale de 4,000 mètres. Si des plantations existent déjà sur quelques parties, il faut bien remarquer qu'elles peuvent être doublées sur beaucoup d'autres, et étendues notamment aux talus des parties en déblais et en remblais. Les Routes elles-mêmes dont la largeur ne dépasse pas 10 mètres, peuvent très bien recevoir une rangée d'arbres sur l'arête extérieure de l'accotement. La longueur des Routes royales en France étant de 8,700 lieues, on aurait donc ainsi une plantation de 8 à

9 millions de pieds d'arbres, qui donneraient un revenu annuel de 0 fr. 50 par pied, ou de 4 à 5 millions pour une première dépense de 8 à 9 millions.

Les départements trouveraient une ressource analogue dans la plantation des Routes départementales, et les communes dans celle des chemins de grande communication.

Enfin, si tous les chemins vicinaux classés aujourd'hui étaient terminés, et que la même mesure leur fut étendue, en ne supposant plantée que la moitié de leur développement, 100 mille lieues, les plantations pourraient produire un revenu annuel de 50 millions. Quelle richesse pour les communes! Quelle ressource pour la marine et les constructions! Quel embellissement pour le pays!

www.ingramcontent.com/pod-product-compliance
Ingram Content Group UK Ltd.
Pitfield, Milton Keynes, MK11 3LW, UK
UKHW031959260826
14628UKWH00005B/2160

9 782329 364926